AF348865

|| Content ||

|| Ganpati Shloka ||

वक्रतुण्ड महाकाय सूर्यकोटि समप्रभ ।
निर्विघ्नं कुरु मे देव सर्व कार्येषु सर्वदा ॥

Vakratunda Mahakaya Suryakoti Samaprabha |
Nirvighnam Kuru Me Deva Sarva Karyesu Sarvada||

अर्थ – Meaning

भक्तों के पालनकार, बड़े गणेश भगवान ।
मेरे सभी कार्यों में बाधा को दूर करो ॥

O Lord Ganesha, you always bless
your devotees. Please get rid us from all
obstacles.

Summary

Recite the Vakratunda Mahakaya shloka daily,
seeking Lord Ganesha's blessings for success.
Repeat it beginning at least 11 times
before studies or new ventures. His
grace removes obstacles, ensuring
academic success and prosperity.

|| Gayatri Mantra ||

ॐ भूर्भुवः स्वः तत्सवितुर्वरेण्यं ।
भर्गो देवस्य धीमहि धियो यो नः प्रचोदयात् ॥

Om Bhurbhuvah Svah Tatsaviturvarenyam|
Bhargo Devasya Dhimahi Dhiyo Yo Nah Prachodayat|

अर्थ – Meaning

हम उस महान सूर्य देवता का ध्यान करते हैं, जो हमारे जीवन में प्रकाश और बुद्धि का स्रोत है। वह हमें सही दिशा में प्रेरित करें।

We meditate on the divine light of the Sun God, who is the source of light and wisdom. May He guide us in the right direction.

Summary

The Gayatri Mantra, revered in Hinduism, invokes the Sun God, ideal for children (5-10 years) to enhance mental clarity and spiritual awareness. Parents (28-40 years) should encourage this practice, reciting thrice during dawn and dusk for maximum benefit in concentration and spirituality.

॥ Deep Jyoti Shloka ॥

शुभं करोति कल्याणमं आरोग्यं धनसंपदा ।
शत्रुबुद्धि विनाशाय दीपज्योतिर्नमोऽस्तुते ॥

Shubham Karoti Kalyanam Arogyam Dhana Sampada |
Shatru Buddhi Vinashaya DeepaJyotir Namo'stute||

अर्थ – Meaning

यह दीपक शुभता, कल्याण, स्वास्थ्य और धन लाता है। यह हमारे शत्रुओं की बुद्धि का नाश करता है। इस दीपक को मेरा प्रणाम।

This lamp brings auspiciousness, prosperity, good health, and wealth. It destroys the malicious thoughts of our enemies. I bow to the light of this lamp.

Summary

Lighting a lamp with the Deep Jyoti shloka is a sacred Hindu tradition, teaching children about customs and light's role in dispelling darkness. Reciting it during evening or religious ceremonies fosters well-being and tradition respect.

|| Shanti Mantra ||

ॐ सर्वे भवन्तु सुखिनः सर्वे सन्तु निरामयाः ।
सर्वे भद्राणि पश्यन्तु मा कश्चिद् दुःखभाग्भवेत् ।
ॐ शान्तिः शान्तिः शान्तिः ॥

Om Sarve Bhavantu Sukhinah Sarve Santu Niramayah|
Sarve Bhadrani Pashyantu Ma Kashchid Duhkha Bhag
Bhavet|| Om Shantih Shantih Shantih||

अर्थ – Meaning

ॐ, सभी खुश रहें, सभी स्वस्थ रहें, सभी को शुभ चीजें
देखने को मिलें, और कोई भी दुखी न हो।
ॐ शांति, शांति, शांति।

Om, May everyone be happy, healthy, and see auspicious things, and may no one suffer. Om, Peace, Peace, Peace.

Summary

The Shanti Mantra, a prayer for universal peace, teaches empathy and compassion to children. Reciting it fosters a peaceful mindset during prayers, introducing Sanskrit's message of harmony.

|| Guru Shloka ||

गुरुर्ब्रह्मा गुरुर्विष्णुः गुरुर्देवो महेश्वरः ।
गुरुः साक्षात् परं ब्रह्म तस्मै श्री गुरुवे नमः ॥

Gururbrahma Gururvishnuh Gururdevo Maheshvarah|
Guruh sakshaat Param Brahma Tasmai Shri Guruve Namah||

अर्थ – Meaning

गुरु ब्रह्मा, विष्णु और शिव का स्वरूप हैं। गुरु साक्षात् परब्रह्म हैं। उन गुरु को मेरा प्रणाम।

The Guru embodies the forms of Brahma, Vishnu, and Shiva. The Guru is the supreme divine. I bow to that Guru.

Summary

The Guru Shloka reveres teachers as bearers of divine knowledge, instilling respect and a love for learning in children. Reciting it fosters gratitude and strengthens the teacher-student bond.

|| Shivayajur Shloka ||

कर्पूरगौरं करुणावतारं संसारसारम् भुजगेन्द्रहारम् ।
सदावसन्तं हृदयारविन्दे भवं भवानीसहितं नमामि ॥

Karpuragauram Karunavataram Samsarasaram Bhujagendraharam|
Sadavasantam Hridayaravinde Bhavam Bhavanisahitam Namami||

अर्थ – Meaning

मैं भगवान शिव को नमन करता हूँ, जो कपूर की तरह गोरे हैं, करुणा के स्वरूप हैं, संसार के सार हैं, सर्पों के राजा को माला के रूप में धारण किए हुए हैं। वह हमेशा भवानी (पार्वती) के साथ, हृदय के कमल के भीतर वसंत की तरह निवास करते हैं।

I bow to Lord Shiva, embodiment of compassion, adorned with a serpent king. He resides eternally in the heart's lotus with Bhavani (Parvati).

Summary

This prayer to Lord Shiva invokes devotion, inner peace, and divine connection, bringing solace during morning/evening prayers or recited multiple times.

|| Krishna Stuti ||

त्वमेव माता च पिता त्वमेव । त्वमेव बन्धुश्च सखा त्वमेव ।
त्वमेव विद्या द्रविणम् त्वमेव । त्वमेव सर्वम् मम देव देव:॥

Twameva Mata Cha Pita Twameva| Twameva Bandhush ch Sakha Tvameva| Tvameva vidya Dravinam Twameva| Twameva sarvam Mama Deva Devah||

अर्थ - Meaning

तुम ही मेरी माता, तुम ही मेरे पिता । तूम ही मेरा बंधु और मित्र । तूम ही मेरा ज्ञान और धन । तूम ही सब कुछ है, हे देवो के देव ।

You are my mother, you are my father. You are my brother and friend. You are my knowledge and wealth. You are everything to me, O God of Gods.

Summary

This shloka teaches children to appreciate parents as divine figures, fostering bond and respect. Suitable for prayers or any time for gratitude, adaptable to the child's devotion and beneficial when it is a part of daily routines.

|| Saraswati Shloka ||

सरस्वति नमस्तुभ्यं वरदे कामरूपिणि ।
विद्यारम्भं करिष्यामि सिद्धिर्भवतु मे सदा ॥

Saraswati Namastubhyam Varade Kaamarupini|
Vidyaa-arambham Karishyaami Siddhirbhavatu me Sadaa||

अर्थ – Meaning

विद्या की देवी सरस्वती, आपको मेरा नमस्कार है। मैं अपने
पढ़ाई का आरंभ करता हूँ, मुझे हमेशा सफलता मिले।

Salutations to Goddess of knowledge maa
Saraswati, I begin my studies, may I always
attain success.

Summary

This Saraswati shloka, for success in studies, is
seen as an offering and a way to seek blessings
for knowledge, learning and wisdom. Ideal before
studying or exams, it can be recited based on
devotion.

Vishnu Mangalam Mantra

ॐ मङ्गलम् भगवान विष्णुः, मङ्गलम् गरुणध्वजः ।
मङ्गलम् पुण्डरी काक्षः, मङ्गलाय तनो हरिः ॥

Om Mangalam Bhagavan Vishnuh, Mangalam Garudadhvajah|
Mangalam Pundari Kaaksha, Mangalaya Tano Harih ||

अर्थ – Meaning

ॐ भगवान विष्णु सबको कल्याणकारी बनाएं। गरुड़ ध्वज सबको कल्याणकारी बनाएं। पुण्डरीकाक्ष सबको कल्याणकारी बनाएं। हरि (विष्णु) सबको कल्याणकारी बनाएं।

Om, may Lord Vishnu bring auspiciousness to all. May the flag of Garuda bring auspiciousness to all. May the lotus-eyed God bring auspiciousness to all. May Hari (Vishnu) bring auspiciousness to all.

Summary

This Vishnu mantra emphasizes His protective nature with Garuda and lotus eyes, fostering devotion, positivity, and security. Suitable for prayers or new endeavors, its repetition depends on devotion.

Hanuman Shloka ||

बुद्धिर्बलं यशोधैर्य निर्भयत्वमरोगता ।
अजाद्यं वाक्पटुत्वंच हनुमत स्मरणाद्भवेत् ॥

Buddhir balam yashodhair yam nirbhayatvam arogataa|
Ajaadyam vaak patutvancha hanumat smaranaat bhavet||

अर्थ – Meaning

हनुमान के स्मरण से बुद्धि, बल, यश, निर्भयता, अच्छी स्वास्थ्य, जन्म से कोई असर न होने वाला और वाणी की रक्षा की शक्ति, ये सब प्राप्त हो सकते हैं।

By remembering Lord Hanuman, one can attain intelligence, strength, fame, fearlessness, good health, unaffected by birth, and the ability to protect speech.

Summary

This shloka honors Lord Hanuman, seeking blessings for knowledge and success in studies. It calls for intelligence, strength, fearlessness, and good health. Ideal for prayers or before studying, it's flexible in recitation.

Brahma Gayatri Mantra

ॐ चतुर्मुखाय विद्महे हंसास्य धीमहि ।
तन्नो ब्रह्मा प्रचोदयात् ॥

Om Chaturmukhaya Vidmahe Hansasya Dhimahi
|Tanno Brahma Prachodayat||

अर्थ – Meaning

हम चार मुखवाले भगवान ब्रह्मा को जानते हैं, हम हंस को ध्यान करते हैं, और हमें वह ब्रह्मा प्रेरित करें।

We meditate upon Lord Brahma, who has four faces, we meditate the swan, and may He inspire us.

Summary

This mantra invokes Lord Brahma for creativity, wisdom, and divine knowledge, ideal before creative pursuits or prayers; offering inspiration and guidance through its flexible recitation.

|| Durga Mantra ||

सर्व मङ्गल माङ्गल्ये शिवे सर्वार्थ साधिके ।
शरण्ये त्र्यम्बके गौरी नारायणी नमोऽस्तुते ॥

Sarva Mangala Maangalye Shive Sarvaartha Saadhike |
Sharanye Tryambake Gauri Narayani Namostute | |

अर्थ - Meaning

हे सभी मंगलों की मंगला, जो कि भगवान शिव की हैं, सभी साधना करने वाली, जिनकी शरण में हम हैं, त्रिदेवी और त्रिपुर सुंदरी, माँ गौरी, माँ नारायणी, तुम्हें नमस्कार हो ।

O Goddess Durga, You are the most auspicious. Give shelte to all, O three-eyed Goddess, I bow to You.

Summary

"Sarva Mangala Mangalye," a potent chant to Durga, brings optimism and security to children, recognizing Her as the remover of obstacles and bestower of auspiciousness. Ideal during Durga Puja or challenges, it's versatile in peaceful recitation.

|| Lakshmi Shloka ||

ॐ श्री महालक्ष्मीये च विद्महे ।
विभवायै च धीमहि । तन्नो लक्ष्मी प्रचोद्यात् ।।

Om Shri Mahalakshmiye Cha Vidmahe |
Vibhavayai Cha Dhimahi | Tanno Lakshmi Prachodayat ||

अर्थ – Meaning

हम महालक्ष्मी का ध्यान करते हैं, जो वैभव प्रदान करती हैं। माता लक्ष्मी हमें अपना आशीर्वाद दें।

We meditate on the Goddess Lakshmi who bestower glory. May Goddess Lakshmi bless us.

Summary

This Lakshmi shloka honors Her as the giver of material and spiritual well-being. Children appreciate wealth for good and seek her blessings for prosperity, ideal for gratitude and a positive outlook.

|| Lakshmi Mantra ||

कराग्रे वसते लक्ष्मी:, करमध्ये सरस्वती ।
करमूले तु गोविंद:, प्रभाते करदर्शनम् ॥

Karagre Vasate Lakshmi, Karamadhye Sarasvati|
Karamule tu Govindah, Prabhate Karadarshanam.

अर्थ – Meaning

हाथ के अग्र भाग में लक्ष्मी का वास है, हाथ के मध्य भाग में माँ सरस्वती का वास है और हाथ के मूल में गोविंद का निवास है। अत: प्रतिदिन प्रात: हमें अपने हाथ का दर्शन करना चाहिए।

Goddess Lakshmi resides at the tip of the hand, Saraswati in the middle of the hand Govind resides in the base of the hand. you should look at your hands.

Summary

The "Karagre vasate Lakshmi" mantra introduces children to Hinduism, fostering gratitude and inner virtues. Ideal for ages 5-10, it's recited upon waking to encourage a positive start and build mindfulness and spiritual foundation.

|| Vidya Dadati Vinayam ||

विद्यां ददाति विनयं, विनयाद् याति पात्रताम्
पात्रत्वात् धनमाप्नोति, धनात् धर्म ततः सुखम् ॥

Vidya Dadati Vinayam, Vinaya Dadati Paatrataam.
Paatratvat Dhanamaapnoti, Dhanat Dharmam Tatah Sukham||

अर्थ - Meaning

शिक्षा हमें विनम्र बनाती है। विनम्र होने से हम योग्य बनते हैं और योग्यता से हमें धन प्राप्त होता है। धन से धर्म का पालन करना संभव होता है और धर्म से हमें सुख मिलता है।

Knowledge make us humble, Humble begets worthiness, It creates enrich, It leads to right conduct and right conduct brings contentment.

Summary

This shloka teaches that true knowledge leads to humility, crucial for a successful life. Reciting it daily, especially before studying, reinforces the importance of education and happiness.

|| Devi Stuti ||

या देवी सर्वभूतेषु मातृ रूपेण संस्थिता ।
नमस्तस्यै नमस्तस्यै नमस्तस्यै नमो नमः ॥

Ya devi sarvabhutesu matra rupena samsthita |
Namastasyai namastasyai namastasyai namo namah ||

अर्थ - Meaning

यह स्तुति इस बात की याद दिलाती है, कि दिव्य
माता हर जगह, हर प्राणी में विद्यमान हैं।

This shloka reminds us that the Divine Mother
is present everywhere, within all beings.

Summary

The "Ya devi sarvabhutesu" shloka introduces
children to the universal presence of the
Divine Mother, fostering love, respect, and
security. Reciting it with gratitude seeks her
blessings for protection and guidance, with
no specific time or repetition required, but
even once is beneficial.

दोहाः श्री गुरु चरण सरोज रज, निज मन मुकुरु सुधारि।

बरनऊं रघुबर बिमल जसु, जो दायकु फल चारि।

अर्थ– तुलसीदास जी गुरु महाराज के चरणकमलों की धूल से मन को निर्मल कर श्री राम का निर्मल यशगान करते हैं जो कि धर्म, अर्थ, काम और मोक्ष के दाता हैं।

Tulsidas bows to his guru with pure heart and sings the glory of Shri Ram who blesses His devotees with spirituality, wealth, well-being and salvations.

दोहाः बुद्धिहीन तनु जानिके, सुमिरौं पवन-कुमार।

बल बुद्धि विद्या देहु मोहि, हरहु कलेश विकार।

अर्थ– हे पवन पुत्र हनुमान! मैं अज्ञानी हूँ। मुझे बल, बुद्धि, ज्ञान दें तथा मेरे दोषों (दुःखों) का नाश करें।

O Hanuman! Son of Wind God, I am ignorant and weak please bless me with knowledge, vigour and purity by talking away my bad qualities.

जय हनुमान ज्ञान गुण सागर,
जय कपीस तिहुं लोक उजागर।।

अर्थ– हे कपीश्वर! आप ज्ञान और गुण के सागर हैं। आपकी महिमा तीनों लोगों में प्रसिद्ध है।

O Hanuman! You are the ocean of wisdom and good qualities. Your glory is well known in all the three worlds.

राम दूत अतुलित बलधामा,
अंजनी पुत्र पवन सुत नामा।।

अर्थ– हे अंजनि और पवन के पुत्र! आप तो राम के दूत हैं और अनंत शक्तिशाली हैं।

O Son of Anjani and Wind God! You are the messenger of Ram with enormous strength.

महावीर विक्रम बजरंगी,
कुमति निवार सुमति के संगी।।

अर्थ– हे महावीर बजरंगबली! आप मेरी दुर्बुद्धि को दूर कर मुझे सुबुद्धि प्रदान करें।

O super powerful Bajrangbali! Please remove our mental confusion and help us think rightly and give me wisdom.

कंचन बरन बिराज सुबेसा, कानन कुंडल कुंचित केसा।।
हाथ वज्र अरु ध्वजा विराजै, काँधे मूँज जनेऊ साजै।।

अर्थ- दमकते हुए स्वर्ण रंग वाले, कुंडलधारी, हाथ में वज्र और ध्वजा लिए हुए, घुंघराले केश तथा सुंदर वस्त्रों से सज्जित जनेऊधारी विराजमान हैं।

With Golden complexion, curly hair, earrings, holding a vajra and flag, and adorned with sacred threads, you look stunning.

शंकर सुवन केसरी नंदन,
तेज प्रताप महा जग वंदन।।

अर्थ- हे केसरी नंदन! आप तो शंकर भगवान के अंश हैं। संपूर्ण विश्व आपके तेज और पराक्रम की वंदना करता है।

O Son of Kesari! The incarnation of Lord shiva! The whole world adores you for your power and valour.

विद्यावान गुणी अति चातुर,
राम काज करिबे को आतुर।।

अर्थ- हे प्रभु! आप बुद्धि की खान हैं, गुणवान हैं तथा चतुराई पूर्वक सदा राम के कार्य में लगे रहते हैं।

O Lord! You are learned, wise, skillful and always eager to carry out Rama's bidding.

प्रभु चरित्र सुनिबे को रसिया,
राम लखन सीता मन बसिया।।

अर्थ– राम की कथा आपको बहुत भाती है। राम, लक्ष्मण और सीता सदा आपके दिल में ही विराजते हैं।

You like Lord Rama's story very much. Ram, Lakshman and Sita always reside in your heart.

सूक्ष्म रूप धरि सियहिं दिखावा,
विकट रूप धरि लंक जरावा।।

अर्थ– आपने बहुत छोटा रूप धरकर सीता को दर्शन दिया और भयंकर रूप धारण कर लंका को जला डाला।

You appeared before Sita in a small form and burnt Lanka in a fierce form.

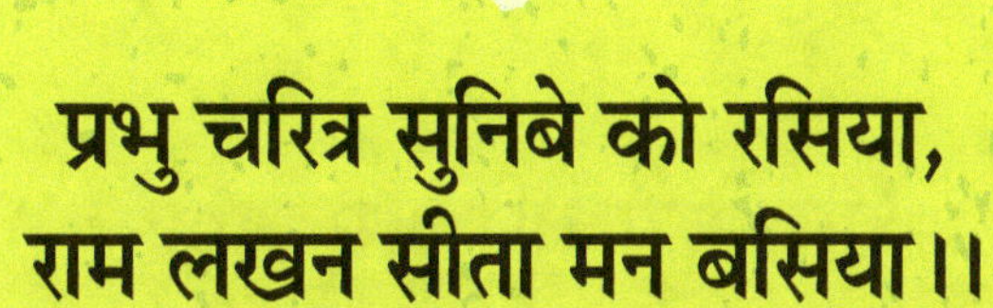

भीम रूप धरि असुर सँहारे,
रामचन्द्र के काज सँवारे।।

अर्थ- विकराल रूप धरकर आपने लंका के असुरों का वध किया और रामचन्द्र के कार्य को सफल किया।

In gigantic form, you killed the demons of Lanka and made Rama's work a success.

लाय संजीवन लखन जियाये,
श्री रघुबीर हरषि उर लाये।।

अर्थ- संजीवनी बूटी लाकर आपने ही मूर्च्छित लक्ष्मण को जीवित किया था, जिससे प्रसन्न होकर रघुबीर जी ने आपको गले लगा लिया था।

You brought Sanjeevani herb and revived Lakshman then Raghubir ji was pleased and embraced you .

रघुपति कीन्हीं बहुत बड़ाई,
तुम मम प्रिय भरतहि सम भाई।।

अर्थ- रघुपति जी ने आपकी बहुत प्रशंसा की और आपको अपने प्रिय भाई भरत के बराबर का स्थान दिया।

Raghupati ji praised you and embraced you like his beloved brother Bharat.

सहस बदन तुम्हरो जस गावैं, अस कहि श्रीपति कंठ लगावैं।।
सनकादिक ब्रह्मादि मुनीसा, नारद, सारद सहित अहीसा।।

अर्थ– श्री राम ने प्रसन्न मन से आपको गले लगाकर आशीर्वाद दिया कि
सभी आपका गुण गाएं। सनक आदि मुनि, ब्रह्मा आदि देव, नारद मुनि,
सरस्वती तथा शेषनाग भी आपका गुणगान करें।

Rama embraced you and blessed you, saying everyone will sing
your glory. Sanak and other sages, Brahma and other gods,
Narad, Sarswati and Sheshnag should also praise you.

जम कुबेर दिगपाल जहाँ ते,
कबि कोबिद कहि सके कहाँ ते।।

अर्थ– आपके यश का गुणगान यम, कुबेर तथा सभी दिशाओं के रक्षक आदि भी पूरी तरह से नहीं कर सकते तो कवि या विद्वान (तुलसीदास) भला कैसे कर सकते हैं।

Your glory is unparalleled . Even Yama, Kuber and the protector of all directions can't fully praise you, So how can a poet or scholar Tulsidas do it?

तुम उपकार सुग्रीवहि कीन्हा,
राम मिलाय राजपद दीन्हा।।

अर्थ– आपने सुग्रीव को श्रीराम से मिलवाकर उन पर बहुत उपकार किया। आप ही के कारण उन्हें पुन: राजपद प्राप्त हुआ।

You introduced Sugreev to Lord Rama and because of you only Sugreev got his throne back.

तुम्हरो मंत्र विभीषण माना,
लंकेस्वर भय सब जग जाना।।

अर्थ– आपके उपदेश को मानकर विभीषण लंकेश्वर बन गए, इस बात से तो सारा जग परिचित है।

Vibhisahan followed your advice to befriend Rama and bacame the king of Lanka is known to the whole world.

जुग सहस्त्र योजन पर भानू,
लील्यो ताहि मधुर फल जानू।।

अर्थ– हजार योजन दूर बैठे सूर्य को आपने मीठा फल समझकर खा लिया था।

You mistook the distant sun for a sweet fruit and swallowed it.

प्रभु मुद्रिका मेलि मुख माहीं,
जलधि लाँघि गये अचरज नाहीं।।

अर्थ– प्रभु श्री राम की दी हुई अँगूठी को मुँह में रखकर आपने पूरे
समुद्र को लाँघ लिया था, इसमें कोई आश्चर्य की बात ही नहीं।
You crossed the ocean keeping Rama's ring in your mouth, and
it's no wonder.

दुर्गम काज जगत के जेते,
सुगम अनुग्रह तुम्हरे तेते।।

अर्थ– आपका ध्यान करते ही संसार के सभी दुर्गम कार्य भी आपकी कृपा से
सुगम हो जाते हैं।
All the difficult tasks of the world become easy by your grace.

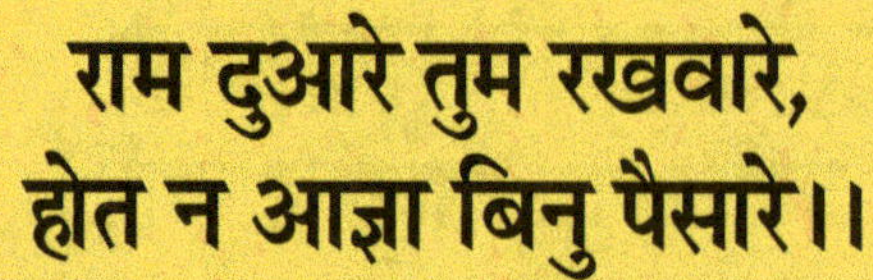

राम दुआरे तुम रखवारे,
होत न आज्ञा बिनु पैसारे।।

अर्थ– प्रभु राम के द्वार के रक्षक आप ही हैं। आपकी कृपा होने पर ही कोई वहां प्रवेश कर सकता है।

You are the protector of Rama's adobe. One can get entry only by your grace.

सब सुख लहै तुम्हारी सरना,
तुम रक्षक काहू को डरना।।

अर्थ– जो भी आपकी शरण में आता है उसे सभी सुख प्राप्त होते हैं। आप जैसा रक्षक हो तो फिर कोई डर नहीं।

Your refuge grants all happiness, and with you as a protector, there is no fear.

आपन तेज सम्हारो आपै,
तीनों लोक हाँक तें काँपै।।

अर्थ– आपके तेज को बस आप ही सँभाल सकते हैं। आपकी एक हुँकार से तीनों लोक काँपने लगते हैं।

You alone can control your might. All three worlds tremble at your roar.

भूत पिसाच निकट नहिं आवै,
महाबीर जब नाम सुनावै।।

अर्थ– आप जैसे महावीर का नाम सुनकर भूत पिसाच पास भी नहीं आते हैं।

Hearing your name, evil spirits and ghosts do not even come near.

नासै रोग हरै सब पीरा,
जपत निरंतर हनुमत बीरा।।

अर्थ– हे वीर हनुमान! आपके ध्यान और जप से सभी कष्ट
और रोगों का नाश हो जाता है।

O brave Hanuman! All ailments and pains are cured by
doing your meditation and chanting.

संकट ते हनुमान छुड़ावै,
मन क्रम बचन ध्यान जो लावै।।

अर्थ– मन, कर्म और वाणी से आपका ध्यान करने वाले भक्तों
को आप संकटों से मुक्त कर देते हैं।

You freed your devotees from all problems who
meditate on you through mind, deed and words.

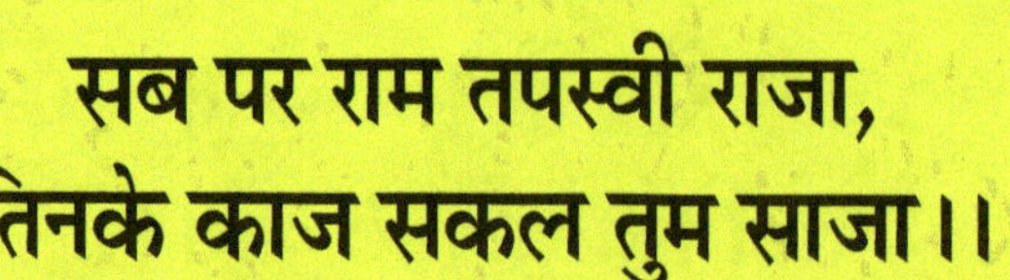

सब पर राम तपस्वी राजा,
तिनके काज सकल तुम साजा।।

अर्थ– सर्वश्रेष्ठ तपस्वी राजा राम के सभी कार्यों को आपने बड़ी ही सहजता से कर दिया था।

You accomplished all tasks of the greatest ascetic King Rama with ease.

और मनोरथ जो कोई लावै,
सोई अमित जीवन फल पावै।।

अर्थ– आप भक्तों की मनोकामना को पूरा करते हैं और उन्हें अनन्त फल प्रदान करते हैं।

You fulfill the wishes of your devotees and give them infinite rewards.

चारों जुग परताप तुम्हारा,
है परसिद्ध जगत उजियारा।।

अर्थ– चारों युगों (सतयुग, त्रेतायुग, द्वापरयुग, कलियुग) में आपकी ख्याति है और संपूर्ण जगत में आपकी कीर्ति प्रसिद्ध है।

Your glory prevails in all the four eons, and your fame is renowned worldwide.

साधु सन्त के तुम रखवारे,
असुर निकंदन राम दुलारे।।

अर्थ– आप साधु-संतों के रक्षक हैं, असुरों का नाश करने वाले हैं तथा राम के अति प्रिय हैं।

You are savior of sages and saints, destroyer of demons, and very dear to Rama.

अष्ट सिद्धि नौ निधि के दाता,
अस बर दीन्ह जानकी माता॥

अर्थ– आप आठ सिद्धि और नौ निधियों को देने वाले हैं, ऐसा वरदान आपको जानकी माता ने दिया था।

Mother Janaki bestowed upon a boon to grant eight siddhis and nine nidhis.

राम रसायन तुम्हरे पासा,
सदा रहो रघुपति के दासा॥

अर्थ– राम नाम की औषधि आपके पास है, आप सदैव रघुपति के सेवक के रूप में विराजते हैं।

You have the elixir of Rama's name and always remain a devoted servant of Rama.s

तुम्हरे भजन राम को पावै,
जनम जनम के दुख बिसरावै॥

अर्थ– आपको भजने से भक्त अपने दु:खों को भूलकर श्री राम को प्राप्त करता है।

Devotees who worship you forget their sorrows and attain Lords Rama.

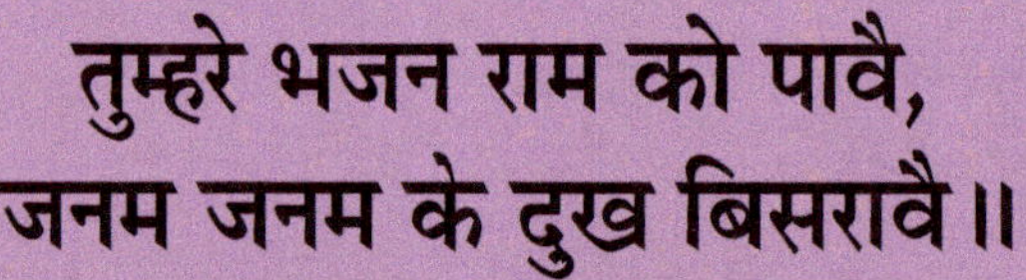

अंत काल रघुबर पुर जाई,
जहाँ जन्म हरि भक्त कहाई॥

अर्थ– आपको जपने वाला भक्त अंतकाल में श्री राम में समाहित हो जाता है और जन्म लेकर हरि भक्त कहलाता है।

At the end of life, your devotees get merged into Rama and are reborn as Hari' devoteess.

और देवता चित्त न धरई,
हनुमत सेई सर्व सुख करई॥

अर्थ– हे हनुमान जी! आपकी सेवा सभी सुखों को देने वाली है, किसी और देवता की आवश्यकता ही नहीं रह जाती।

O Lord Hanuman! Serving you grants all happiness; there is no need to worship any other deitys.

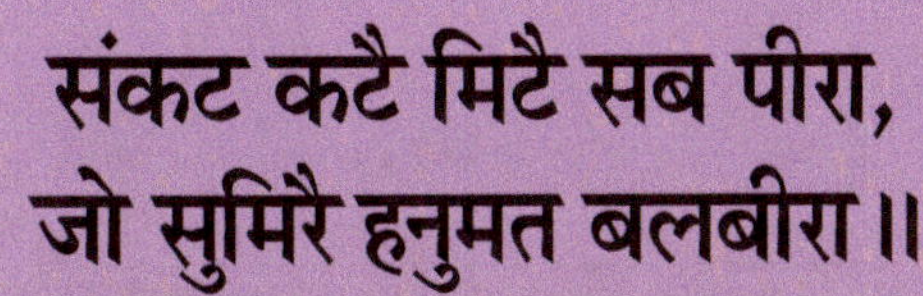

अर्थ– जो भी वीर हनुमान को याद करता है उसके सभी संकट दूर हो जाते हैं तथा सभी पीड़ा का निवारण हो जाता है।

Just by offering prayer to Hanuman all the difficulties sare removed and the pain goes away.

जय जय जय हनुमान गोसाईं,
कृपा करहु गुरु देव की नाई॥

अर्थ– हे हनुमान स्वामी! आपकी सर्वदा जय हो अर्थात तीनों लोगों में आपकी जय हो। आप गुरु की भाँति मुझ सेवक पर कृपा करें।

O Lord Hanuman! Be victorious in all the three worlds. Please bestows your blessings on me as a benevolent Guru.

जो सत बार पाठ कर कोई,
छूटहिं बंदि महासुख होई।।

अर्थ- जो भी हनुमान चालीसा का सौ बार पाठ करेगा वह सारे बंधनों से मुक्त हो जाएगा और उसे परमानंद की प्राप्ति होगी।

Anyone who chants Hanuman Chalisa a hundred times will be free from all the bondages and attain bliss.

जो यह पढ़ै हनुमान चालीसा,
होय सिद्धि साखी गौरीसा।।

अर्थ- भगवान शंकर इस बात के साक्षी हैं कि जो हृदय से हनुमान चालीसा का पाठ करेगा उसे सिद्धि (सफलता) प्राप्त होगी।

Lord Shiva himself testifies that anyone who recites Hanuman Chalisa with devotion will attain success.

तुलसीदास सदा हरि चेरा,
कीजै नाथ हृदय महँ डेरा।।

अर्थ- हे हनुमान प्रभु! तुलसीदास सदा से हरि (राम) का दास है इसलिए
हे प्रभु! आप मेरे हृदय में स्थापित होइए।

O Lord Hanuman! Tulsidas is staunch devotee of Sri Hari(Rama) Kindly dwell in my heart.

पवन तनय संकट हरन, मंगल मूरति रूप,
राम लखन सीता सहित, हृदय बसहु सुर भूप।।

अर्थ- हे पवन पुत्र! संकट को हरने वाले, आनंद मंगलों के स्वरूप श्री हनुमान जी आप देवाधिदेव श्री राम, सीता और लक्ष्मण सहित मेरे हृदय में निवास करने की कृपा करें।

O Hanuman! Son of wind God, remover of all obstacles, symbol of auspiciosness, please reside in my heart along with Lord Rama, Sita and Lakshman.

(In Roman)

Doha:
Shree Guru Charan Saroj Raj, Nij Man Mukuru Sudhari.
Baranau Raghuvar Bimal Jasu, Jo Dayaku Phal Chari.
Buddhiheen Tanu Janike, Sumiron Pavan-Kumar.
Bal Buddhi Vidya Dehu Mohi, Harahu Kalesh Vikar.

Chaupai:
Jai Hanuman Gyan Gun Sagar, Jai Kapis Tihun Lok Ujagar.
Ramdoot Atulit Bal Dhama, Anjani Putra Pavansut Nama.

Mahavir Vikram Bajrangi, Kumati Nivar Sumati Ke Sangi.
Kanchan Baran Biraj Subesa, Kanan Kundal Kunchit Kesha.

Hath Vajra Aur Dhvaja Viraje, Kandhe Munj Janeu Saaje.
Shankar Suvan Kesari Nandan, Tej Pratap Maha Jag Vandan.

Vidyavaan Guni Ati Chatur, Ram Kaj Karibe Ko Aatur.
Prabhu Charitra Sunibe Ko Rasiya, Ram Lakhan Sita Man Basiya.

Sukshma Roop Dhari Siyahi Dikhava, Vikat Roop Dhari Lank Jarava.
Bhim Roop Dhari Asur Sanhare, Ramchandra Ke Kaj Savare.

Laye Sanjivan Lakhan Jiyaye, Shri Raghubir Harashi Ur Laye.
Raghupati Kinhi Bahut Badai, Tum Mam Priya Bharat-Hi Sam Bhai.

Sahas Badan Tumharo Jasu Gaave, Asa-Kahi Shripati Kanth Lagaave.
Sanakadik Brahmadimunisa, Narad Sarad Sahit Ahisa.

Yam Kuber Dikpal Jahan Te, Kavi Kovind Kahin Sake Kahan Te.
Tum Upkar Sugreevahin Kinha, Ram Milaye Rajpad Dinha.

Tumharo Mantra Vibheeshan Mana, Lankeshwar Bhaye Sab Jag Jana.
Yug Sahastra Yojan Par Bhanu, Leelyo Tahi Madhur Phal Janu.

Prabhu Mudrika Meli Mukha Mahi, Jaladhi Langhi Gaye Acharaj Nahi.
Durgam Kaj Jagat Ke Jete, Sugam Anugrah Tumhare Tete.

Ram Duware Tum Rakhvare, Hot Na Aagya Binu Paisare.
Sab Sukh Lahai Tumhari Sarna, Tum Rakshak Kahu Ko Darna.

Aapan Tej Samharo Aapai, Teenhon Lok Hank Te Kanpai.
Bhoot Pishach Nikat Nahi Aavai, Mahavir Jab Naam Sunavai.

Naase Rog Hare Sab Peera, Japat Nirantar Hanumat Beera.
Sankat Se Hanuman Chhudavai, Man Kram Vachan Dhyan Jo Lavai.

Sab Par Ram Tapasvi Raja, Tin Ke Kaj Sakal Tum Saja.
Aur Manorath Jo Koi Lavai, Soi Amit Jivan Phal Pavai.

Charon Yug Partap Tumhara, Hai Parsiddh Jagat Ujiyara.
Sadhu Sant Ke Tum Rakhvare, Asur Nikandan Ram Dulare.

Ashta Siddhi Nav Nidhi Ke Data, Asa Var Deen Janaki Mata.
Ram Rasayan Tumhare Pasa, Sada Raho Raghupati Ke Dasa.

Tumhare Bhajan Ram Ko Pavai, Janam Janam Ke Dukh Bisravai.
Anta Kaal Raghubar Pur Jayee, Jahan Janma Hari-Bhakta Kahayee.

Aur Devta Chit Na Dharai, Hanumat Sei Sarva Sukh Karai.
Sankat Kate Mite Sab Peera, Jo Sumirai Hanumat Balbeera.

Jai Jai Jai Hanuman Gosain, Kripa Karahu Gurudev Ki Nayi.
Jo Sat Baar Paath Kar Koi, Chhutahi Bandi Maha Sukh Hoi.

Jo Yah Padhe Hanuman Chalisa, Hoye Siddhi Sakhi Gaurisa.
Tulsidas Sada Harichera, Keejai Nath Hriday Mah Dera.

Pavan Tanay Sankat Haran, Mangal Moorti Roop.
Ram Lakhan Sita Sahit, Hriday Basahu Sur Bhoop.